Dhiraj Nitnaware

Rede de comunicação interconectada hipercubo

Dhiraj Nitnaware

Rede de comunicação interconectada hipercubo

ScienciaScripts

Imprint

Cover image: www.ingimage.com

This book is a translation from the original published under ISBN 978-613-8-50855-7.

Publisher:
Sciencia Scripts
is a trademark of
Dodo Books Indian Ocean Ltd. and OmniScriptum S.R.L publishing group

120 High Road, East Finchley, London, N2 9ED, United Kingdom
Str. Armeneasca 28/1, office 1, Chisinau MD-2012, Republic of Moldova, Europe
Printed at: see last page
ISBN: 978-620-8-17788-1

Índice

LISTA DE ABREVIATURAS

HC	Hypercube network
SRDT	Service Request for Data Transmission
n	Dimension of hypercube
H_n / Q_n	Hypercube network of n-dimension
N	Total number of nodes (switches / computer)
L	Total number of links
r	Maximum number of faulty links with each node
F	Total number of faulty links in n-dimension hypercube
P	Probability of optimal path
PL	maximum path length required to travel between a source and destination node pair
fr	fractional part of total node generate the SRDT
Ts / SR	Total number of SRDT / message received by destination nod successfully
Td / DR	Total number of message / SRDT dropped in the network
AR	Number of active services in the network system
m	Number of simulation cycle
k	Hamming distance between source and destination node
f	Total number of faulty links in algorithm which is less than or equal to (n-1)
g	Total number of faulty nodes in algorithm which is less than or equal to (n-1)
PL_{av}	Average path length
C_L	Total number of H_3 in a nth dimension of hypercube (H_3)
r'	Total number of faulty links connected to each node and less than r

RESUMO

O hipercubo é uma das topologias interligadas mais populares para o processamento paralelo, devido ao seu elevado potencial de execução paralela de vários algoritmos e à facilidade de mapeamento com elevadas capacidades de tolerância a falhas. Pode ser utilizado para construir uma rede de comunicação interligada em hipercubo com cada nó com ligações defeituosas. Neste trabalho de tese, as propriedades topológicas das redes de hipercubos feridos são estudadas e simuladas utilizando um modelo específico para avaliar o seu desempenho. São impostas algumas condições de número máximo de ligações defeituosas com cada nó, o que garantirá a conetividade da rede sob estas condições de falha. Considera-se uma expressão para o comprimento máximo do trajeto entre dois nós e, utilizando este comprimento do trajeto no pior caso, desenvolve-se um esquema de encaminhamento que permite:

1. Elevada capacidade global de tolerância a falhas,
2. Apenas são utilizadas as informações sobre falhas locais e
3. Evita o retrocesso

Embora, à primeira vista, se possa inferir que o nosso algoritmo requer um maior número de esperanças para que uma mensagem chegue ao seu destino do que aquele que deveria ser necessário de forma óptima. No entanto, os resultados da simulação mostram que o comprimento real do caminho percorrido é geralmente substancialmente menor do que as previsões do comprimento máximo do caminho.

Foi efectuado um estudo de simulação para determinar o desempenho do modelo de rede proposto com diferentes parâmetros. Neste esquema de encaminhamento, cada um dos nossos nós intermédios ou de origem tenta primeiro encaminhar a mensagem para as ligações óptimas; se estas não estiverem disponíveis, a mensagem será enviada ao longo da ligação de trabalho disponível. Para selecionar a ligação de viagem, também nos certificamos de que o novo nó não deve ser um nó previamente viajado, o que podemos conseguir utilizando a janela de registo do cabeçalho da mensagem. No encaminhamento da mensagem, não utilizaremos a ligação anteriormente utilizada. Esta informação sobre a ligação utilizada é armazenada no campo "used" do cabeçalho da mensagem. Assim, o novo nó estará ciente de que não deve utilizar a ligação utilizada na transmissão posterior da mensagem. Na simulação deste modelo de falha da rede interligada em hipercubo, definimos alguns parâmetros de simulação como a ordem ou dimensão do hipercubo (n), o número de ligações defeituosas em cada nó (r), a carga na rede (fr), o espaço de memória intermédia em cada nó, etc. Variando o valor dos parâmetros de simulação, observamos o seu efeito nos parâmetros de desempenho SR (serviços recebidos com êxito), DR (serviços falhados/descontinuados) e AR (pedido de serviço ativo).

CAPÍTULO 1
INTRODUÇÃO

1.1 Introdução:

Nesta era da comunicação, o processamento paralelo visa reduzir o tempo de processamento de um trabalho, efectuando mais do que um cálculo em simultâneo em vários nós da rede ou sistema interligado, tendo em conta o caso de ligações defeituosas entre os nós. Para além da capacidade de processamento de cada processador, o tempo de cálculo para resolver problemas num sistema de processamento paralelo depende em grande medida das caraterísticas da rede de interconexão utilizada para a comunicação entre os nós. Para interligar estes nós, existe um grande número de técnicas disponíveis.

1.2 Visão geral das redes interconectadas:

Sempre que temos vários nós, temos o problema de como os ligar para tornar possível a comunicação um-a-um. Uma solução melhor é a comutação. Uma rede comutada consiste numa série de nós interligados, chamados comutadores. Os comutadores são dispositivos de hardware e/ou software capazes de criar ligações temporárias entre dois ou mais dispositivos ligados ao comutador, mas não entre si. Numa rede comutada, alguns destes nós estão ligados aos dispositivos de comunicação; outros são utilizados apenas para encaminhamento. A topologia refere-se à forma como a rede de nós ou os comutadores estão ligados para formar a rede. Cada topologia é adequada a tarefas específicas e tem as suas próprias vantagens e desvantagens. A escolha da topologia depende do tipo e do número de equipamentos utilizados, das aplicações planeadas e da taxa de transferência de dados necessária, do tempo de resposta e do custo. A topologia pode também ser definida como o padrão de interconexão geométrica através do qual as estações (nós/computadores/comutadores) são ligadas utilizando meios de transmissão adequados (que podem ser ponto-a-ponto e difusão). Nas secções seguintes são analisadas várias topologias habitualmente utilizadas.

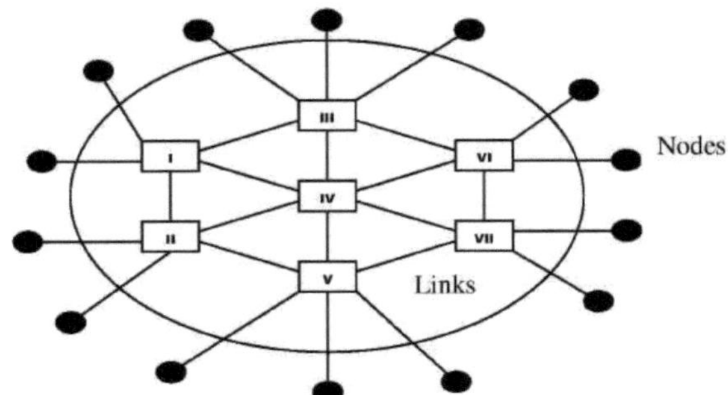

Figura 1.1: Rede de comunicação baseada em comutação

Os dispositivos de comunicação são representados por círculos pretos e os comutadores são I, II, III, IV, etc. Cada interrutor está ligado a vários ligações e é utilizado para completar as ligações entre elas, duas de cada vez.

1.3 Topologia de malha:

Nesta topologia, cada nó está ligado aos outros por ligações ponto-a-ponto dedicadas entre eles. Assim, o número total de ligações para ligar n nós = n (n- 1)/2; que é proporcional a n^2 . Os meios utilizados para a ligação (ligações) podem ser par entrançado, cabo coaxial ou fibra ótica. Com esta topologia, não há necessidade de fornecer qualquer informação adicional sobre a origem do pacote, uma vez que dois nós têm uma ligação dedicada ponto-a-ponto entre eles. E cada nó sabe que ligação está ligada a que nó na outra extremidade. Na topologia em malha, cada nó ou estação está ligado a todas as outras estações, como mostra a figura.

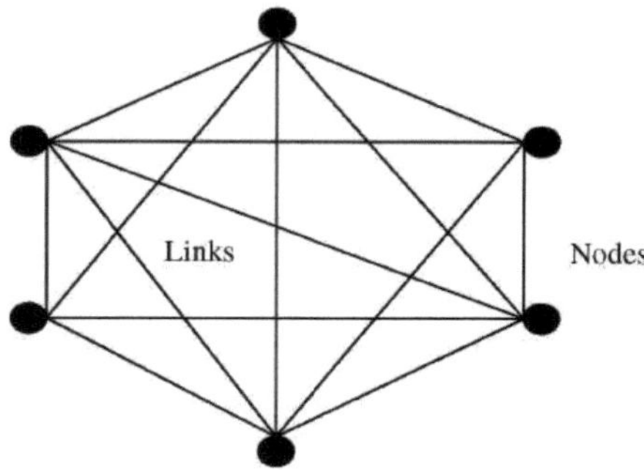

Figura 1.2: Topologia de malha

A topologia em malha não é flexível e tem uma fraca capacidade de expansão, uma vez que para acrescentar um novo nó é necessário estabelecer n ligações, porque esse novo nó tem de ser ligado a cada um dos nós existentes através de uma ligação dedicada. Pela mesma razão, o custo da cablagem será muito elevado para uma área maior. Por estas razões, esta topologia é raramente utilizada na prática.

1.4 Topologia em estrela:

Na topologia em estrela, cada estação está diretamente ligada a um nó central comum. Normalmente, cada estação liga-se a um nó central, designado por acoplador em estrela ou unidade de comutação, através de duas ligações ponto-a-ponto, uma para transmissão e outra para receção.

Em geral, existem duas alternativas para o funcionamento do nó central. Uma abordagem é que o nó central opere de forma broadcast. A transmissão de um quadro de uma estação para o nó é retransmitida em todas as ligações de saída. Neste caso, embora o arranjo seja fisicamente uma estrela, ele é logicamente um barramento; uma transmissão de qualquer estação é recebida por todas as outras estações, e apenas uma estação de cada vez pode transmitir com sucesso. Neste caso, o nó central actua como um repetidor.

Outra abordagem é o nó central atuar como um dispositivo de comutação de quadros. Um quadro de entrada é armazenado em buffer no nó e depois retransmitido numa ligação de saída para a estação de destino. Nesta abordagem, o nó central actua como um comutador e executa a função de comutação ou de encaminhamento. Este modo de funcionamento pode ser comparado com o funcionamento de uma central telefónica, em que a parte chamadora está ligada a uma única parte chamada e cada par de assinantes que necessita de falar tem uma ligação diferente.

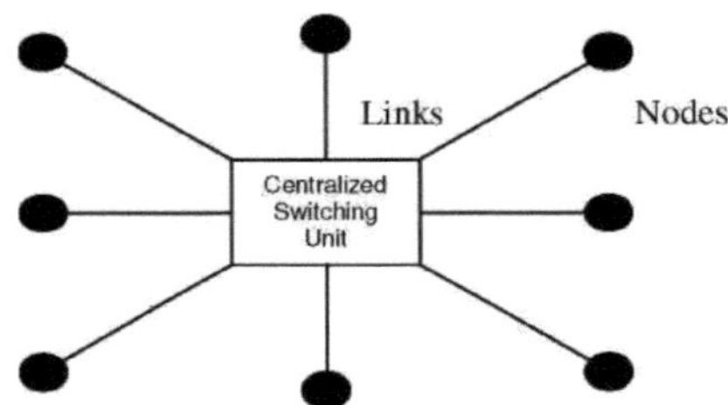

Figura 1.3: Topologia em estrela

A principal desvantagem da topologia em estrela é o facto de, em caso de falha do comutador, toda a rede ficar em baixo. Outra desvantagem é que, se uma ligação entre o comutador e um nó estiver avariada, o nó entra em modo de corte total.

1.5 Topologia de barramento:

Na topologia de barramento, todas as estações são ligadas diretamente a um meio de transmissão linear, ou barramento, através de uma interface de hardware adequada, conhecida como tap. A operação full-duplex entre a estação e o tap permite que os dados sejam transmitidos para o barramento e recebidos do barramento. Uma transmissão de qualquer estação propaga-se ao longo do comprimento do meio em ambas as direcções e pode ser recebida por todas as outras estações. Em cada extremidade do bus existe um terminador, que absorve qualquer sinal, impedindo a reflexão do sinal a partir dos pontos finais. Se o terminador não estiver presente, o ponto final actua como um espelho e reflecte o sinal de volta, causando interferências e outros problemas.

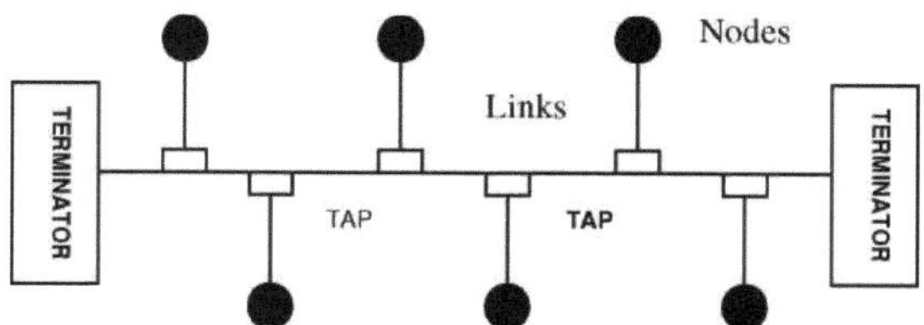

Figura 1.4: Topologia de barramento

É utilizada uma ligação partilhada entre diferentes estações. Por isso, é muito económica. É possível acrescentar ou eliminar facilmente qualquer nó sem afetar os outros nós, o que torna esta topologia facilmente expansível. Devido ao meio partilhado, é necessário fornecer alguma informação adicional sobre o destino desejado, ou seja, especificar explicitamente o destino no pacote, em comparação com a topologia em malha. Isto deve-se ao facto de o mesmo meio ser partilhado entre muitos nós. Como cada estação tem um endereço único na rede, uma estação só copia um pacote quando o endereço de destino do pacote coincide com o seu próprio endereço. É assim que se processam as comunicações de dados entre as estações no barramento.

A desvantagem da topologia de barramento é que, se o meio partilhado, ou seja, o barramento, falhar, toda a rede fica em baixo. Neste caso, cada nó está ligado através de uma única ligação ao barramento comum e uma falha desta ligação faz com que o nó fique totalmente isolado do resto da rede.

1.6 Topologia em anel:

Na topologia em anel, a rede é constituída por um conjunto de repetidores unidos por ligações ponto-a-ponto num anel fechado. As ligações são unidireccionais, ou seja, os dados são transmitidos num único sentido e todos estão orientados no mesmo sentido. Assim, os dados circulam pelo anel num único sentido (horário ou anti-horário).

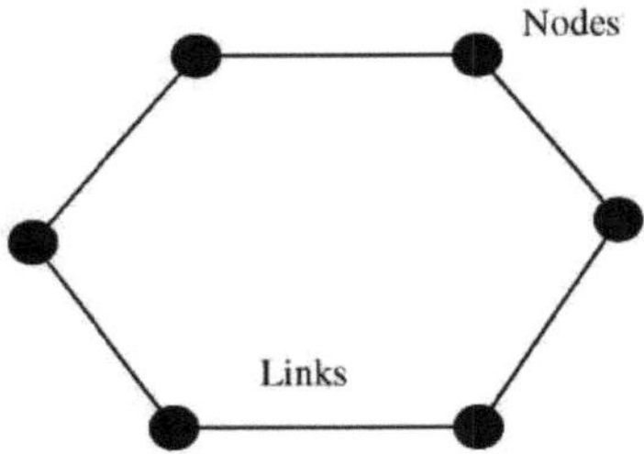

Figura 1.5: Topologia em anel

À medida que um quadro circula por todas as outras estações, a estação de destino reconhece o seu endereço e copia o quadro para um buffer local à medida que passa. O quadro continua a circular até retornar à estação de origem, onde é removido. Uma vez que várias estações partilham o anel, é necessário um controlo de acesso ao meio para determinar em que momento cada estação pode inserir fotogramas. Como é que a fonte sabe se tem de transmitir um novo pacote e se o pacote anterior foi recebido corretamente pelo destino ou não. Para isso, o destino altera um determinado bit (bits) no pacote e quando o recetor vê esse pacote com o bit alterado, fica a saber que o recetor recebeu o pacote.

Esta topologia não é muito fiável no modo de caminho único, porque quando uma ligação falha, toda a ligação em anel é interrompida, mas a fiabilidade pode ser melhorada através da utilização de um caminho de proteção. Se uma ligação falhar entre dois nós, as transmissões passam para o caminho de proteção.

1.7 Topologia em árvore:

Esta topologia pode ser considerada como uma extensão da topologia de barramento. É normalmente utilizada em equipamentos em cascata. Na topologia em árvore, os nós são ligados em formato hierárquico (formato de árvore) e o nó filho de nível inferior é ligado ao nó pai de nível superior. Neste esquema hierárquico, cada nó pai deve poder ligar dois ou mais nós filhos para transmissão descendente e ascendente entre eles.

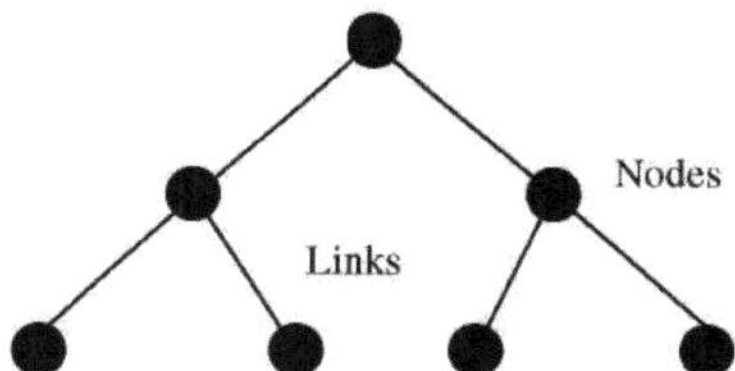

Figura 1.6: Topologia em árvore

Esta topologia em árvore é muito boa numa organização, uma vez que a expansão incremental pode ser feita desta forma. As principais caraterísticas desta topologia são a escalabilidade e a flexibilidade. Isto porque, quando surge a necessidade de mais estações, isso pode ser feito facilmente sem afetar a rede já estabelecida. O melhor exemplo de topologia em árvore é uma rede móvel ou telefónica, na qual os equipamentos de nível inferior estão ligados hierarquicamente a equipamentos de nível superior, como mostra a figura abaixo:

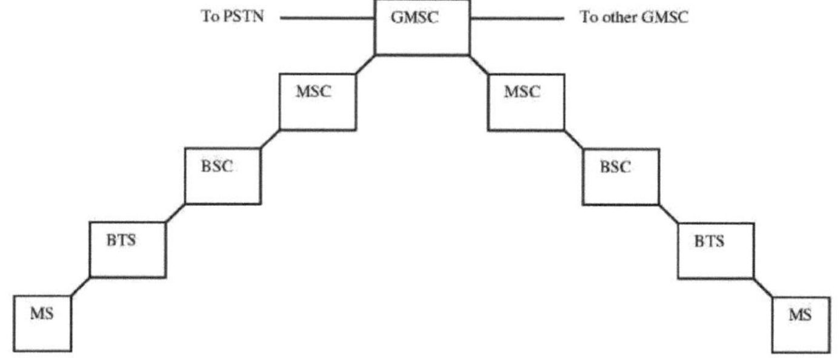

Figura 1.7: Visão hierárquica da rede móvel

A principal desvantagem da rede de comunicação com topologia em árvore é o facto de a ligação entre qualquer nó poder fazer com que esse nó fique isolado do resto da rede.

1.8 Topologia de hipercubo:

Os nós da topologia hipercubo estão ligados de tal forma que, para um hipercubo de dimensão n, 2^n nós estão ligados através de $n*2^{(n-1)}$ número de ligações. Cada nó está ligado a outro nó com uma distância de hamming de 1 entre eles [1].

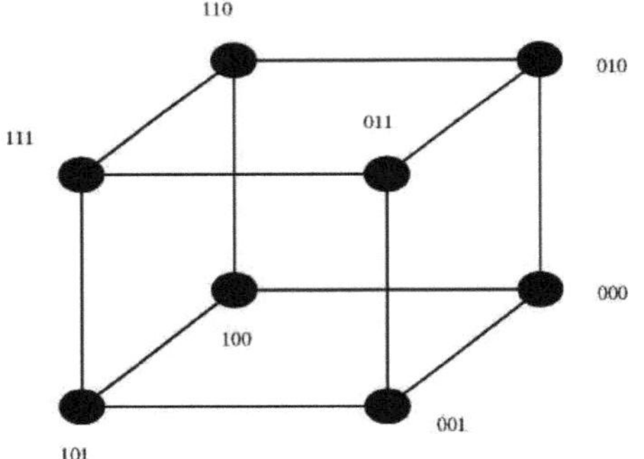

Figura 1.8: Topologia de hipercubo

A vantagem da topologia de hipercubo em relação a outras topologias é que, até (n/2 - 1) ligações defeituosas em cada nó, o hipercubo está sempre ligado.

1.9 Objetivo da tese:

O objetivo do trabalho é estudar a técnica de encaminhamento existente para diferentes condições de falha e tipo de informação de encaminhamento, propondo um modelo de falha para falhas distribuídas, o efeito dos parâmetros de simulação e observando os parâmetros de desempenho.

- No nosso modelo, vamos aumentar a capacidade de tolerância a falhas.

- Em que as falhas são distribuídas uniformemente em cada nó da rede hipercubo; evita-se também o retrocesso.

- Propomos uma distribuição destas muitas falhas na rede de modo a manter a sua conetividade e regularidade. A regularidade é mantida garantindo que cada nó tem um número idêntico de ligações defeituosas. Considera-se um número máximo n/2-1 de ligações defeituosas em cada nó.

Assim, como cada ligação está ligada a dois nós, o nosso modelo pode suportar até $[n/2-1]*2^{n-1}$ $-2/2^{n-3n}$ ligações defeituosas.

Para este modelo de falha proposto, efectuamos um estudo de simulação escrevendo um programa em C++. Utilizamos apenas informações locais sobre o estado dos componentes no nosso esquema de encaminhamento, ao contrário das informações globais necessárias em alguns estudos anteriores.

Neste modelo de simulação, os pares de origem e destino são gerados de forma aleatória. A simulação foi efectuada durante 1000 ciclos, variando os seguintes parâmetros:

- Dimensão da rede Hypercube.

- Número de ligações defeituosas ligadas a cada nó

- Tamanho da memória intermédia em cada nó

- Carga na rede

Políticas de arbitragem da fila de espera, utilizámos: política de "primeiro a chegar, primeiro a ser servido" e política de seleção aleatória para a arbitragem.

Ao variar cada um dos parâmetros de simulação acima referidos, observamos o seu efeito nos seguintes parâmetros de desempenho.

Serviços recebidos com êxito (SR)

- Variação de pedidos abandonados (DR)

- Variação do pedido pendente (AR)

CAPÍTULO 2

PESQUISA BIBLIOGRÁFICA

2.1 Introdução:

Uma rede hipercubo de dimensão n, designada por H_n, é um grafo G(N, L) com $N=2^n$ nós e L $= n*2^{(n-1)}$ ligações, de modo a que o grau de cada nó seja n. Os vértices ou nós do hipercubo representam comutadores ou processadores, enquanto as ligações representam as ligações de comunicação entre eles. Os nós representados como vértices são rotulados de 0 a $2^{(n-1)}$ e estão ligados de modo a que exista uma ligação entre dois vértices se e só se as representações binárias das suas etiquetas diferirem num único bit [7].

O número mínimo de ligações que separam dois vértices é designado por distância de Hamming entre os pares de vértices. Esta distância é também igual ao número de bits em que as etiquetas dos dois vértices diferem. A distância de Hamming entre um par de vértices dá sempre o comprimento do caminho ótimo entre eles. Se a distância de Hamming entre qualquer par de nós de origem e destino for k, ou seja, k = H (u, w), então existe sempre k caminhos óptimos de distância k e (n-k) caminhos de comprimento k+2 ligações [8]. Os hipercubos danificados são subconjuntos de um hipercubo em que alguns nós ou ligações estão danificados. A informação de falha disponível em cada nó pode ser global, global limitada ou local [7]. Num hipercubo danificado, o caminho mais curto pode ser mais do que o caminho ótimo.

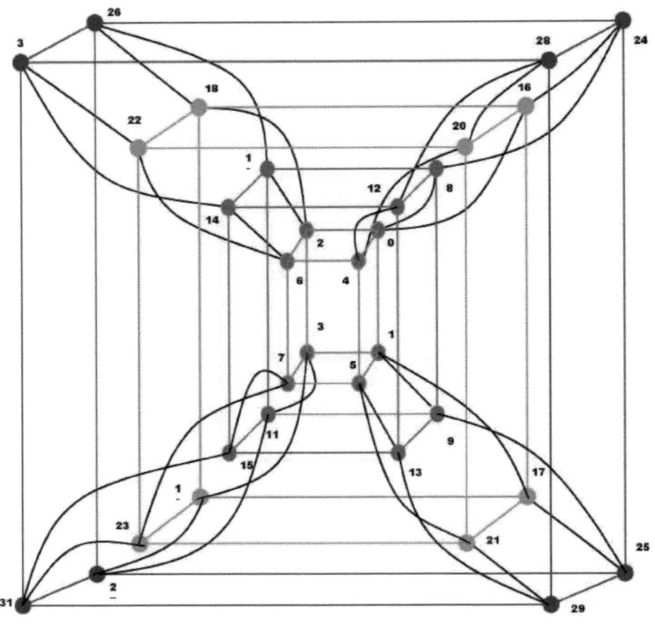

Figura 2.1 Representação convencional do hipercubo H5

2.2 Classificação de alguns trabalhos existentes:

Author	Types of Information	Max^{m} number of faults	Link / Node faults or both	Max^{m} number of PL	Probability of optimal PL	Remark
Lee & Hayes	Local/ Global	n-1	Links/ Node	k+2/k	Highest	Back-tracking
Chen & shin	Local/ Limited Global	n-1	Links & Node Both	H(u, w) + 2Z	Higher	Back-tracking
Gu & peng	Local	(2n-3)/ (4n-9)	Nodes	(k + 4) / (k + 6)	Low	Back-tracking
Propose d model	Local	F	Links	PL	Low	No Back-tracking

2.3 Revisão crítica da literatura:

Existem vários algoritmos [5, 6, 8] para o encaminhamento num hipercubo ferido se a informação sobre as falhas estiver disponível para todos os nós. No entanto, se a informação sobre as falhas só puder ser disponibilizada localmente, ou seja, se cada nó só conhecer o estado das falhas das ligações que lhe estão ligadas, então o encaminhamento é mais difícil. Nesta situação, os procedimentos disponíveis ou restringem o conjunto de falhas ou recorrem ao retrocesso, por exemplo, o número máximo de falhas admissíveis em toda a rede é limitado a (n-1) numa rede de dimensão n [8]. Na informação global, cada nó tem conhecimento do estado das falhas dos nós e das ligações da rede.

Lee e Hayes [8] apresentaram uma técnica de encaminhamento tolerante a falhas que se baseia no conceito de encaminhamento de nós de utilização para evitar nós inseguros que poderiam levar a dificuldades de comunicação. O algoritmo de encaminhamento de Lee pode encaminhar uma mensagem através de um caminho de comprimento não superior a dois mais a distância de Hamming entre os nós de origem e de destino, desde que o hipercubo não seja totalmente inseguro. Se um hipercubo de dimensão n tiver um número máximo de ligações defeituosas igual a f e um número máximo de nós defeituosos igual a g, isto é

$$\mathbf{f + g < n} \quad \mathbf{(1)}$$

O caminho máximo necessário para percorrer qualquer par de nós de origem e destino [6] é H (u, w) +2z.

Utilizando informações locais em cada nó e o algoritmo [5], em que são utilizadas z dimensões sobresselentes para encaminhar uma mensagem de um nó de origem u para um nó de destino w. Chen e Shin também derivaram uma relação para a probabilidade de um caminho ótimo. Suponha-se que existem f ligações defeituosas num Hn e que o algoritmo [5] consegue encaminhar uma mensagem de um nó u para outro nó w através de um caminho ótimo, então a probabilidade de um caminho ótimo será superior a

$$1 - \sum_{J=0}^{n} \left(\frac{{}^{L-J}C_{f-J}}{{}^{L}C_{f}} \right) \qquad (2)$$

Seja mB a distância de hamming entre o nó obstruído e o nó de destino w. Suponhamos que existem n-1 ligações defeituosas no hipercubo Hn Ai [5] O algoritmo encaminhará a mensagem de dados de um nó u para outro nó w através de um caminho ótimo entre u e w com uma probabilidade superior a

$$1 - \frac{(n-1)\, r_2 (1 - r_2^{(k-1)})}{(2n-2)(1 - r_2)} \qquad (3)$$

Em que r2= (n - 2) / (2^n - 3)

Este esquema tem uma capacidade de tolerância a falhas mais baixa, ou seja, inferior a n. Neste esquema, obtém-se uma elevada probabilidade de um caminho ótimo entre a origem e o destino, e o comprimento do caminho mais curto será H (u, w) + 2.

Neste esquema, cada nó tem a informação do estado de funcionamento ou de falha das suas ligações ligadas ou das suas ligações locais, em que f é o número de ligações defeituosas e L é o número total de ligações num hipercubo de dimensão n.

$$L = n * 2^{(n-1)} \qquad (4)$$

E a probabilidade do caminho ótimo é

$$P >= 1 - \sum_{J=0}^{n} \left(\frac{{}^{L-J}C_{f-J}}{{}^{L}C_{f}} \right) \quad (5)$$

Um caminho ótimo é o número mínimo de ligações entre qualquer par de nós de origem e destino. Este número é sempre igual à distância de Hamming entre os nós. Um caminho mais curto é um caminho de distância mínima entre qualquer par de nós de origem e destino num hipercubo danificado. Num hipercubo danificado, o caminho mais curto pode ser menor ou igual ao caminho ótimo. A expressão para o comprimento do caminho no pior dos casos [1] entre os nós de origem e de destino num hipercubo danificado é a seguinte

$$PL = [\,(n - 3) - r\,] + 6 * (r) + \varnothing \quad (6)$$

Em que **Ø** é a distância necessária para percorrer a fonte H_3.

Ø = 6 para fonte defeituosa H_3.

Ø = 3 para fonte isenta de falhas H_3.

Agora, se utilizarmos o fator de correção x para reduzir o número de ligações defeituosas em cada nó, o comprimento do caminho torna-se:

$$PL = [\,(n - 3) - (r - x)\,] + 6 * (r - x) + \varnothing \quad (7)$$

2.4 Partição do hipercubo:

O hipercubo de ordem n pode ser dividido em dois subcubos de ordem inferior $1H_{(n-1)}$ e $0H_{(n-1)}$, respetivamente, como mostra a figura. Um dos sub-cubos inclui o nó de origem e o nó de destino inclui o segundo nó. Assume-se também que o número de falhas de componentes em cada um destes sub-cubos é F/2 [11].

Se cada nó estiver ligado a mais de n/2 ligações não defeituosas em todo o Hn e se houver mais uma ligação defeituosa de cada um dos H3 de Hn, então a conetividade entre qualquer par de origem e destino manter-se-á sempre. Para um hipercubo n-dimensional, obter o número máximo de ligações defeituosas que podem ser toleradas pela rede, de modo a que cada nó tenha pelo menos (n/2 - 2) ligações defeituosas e a sua conetividade se mantenha.

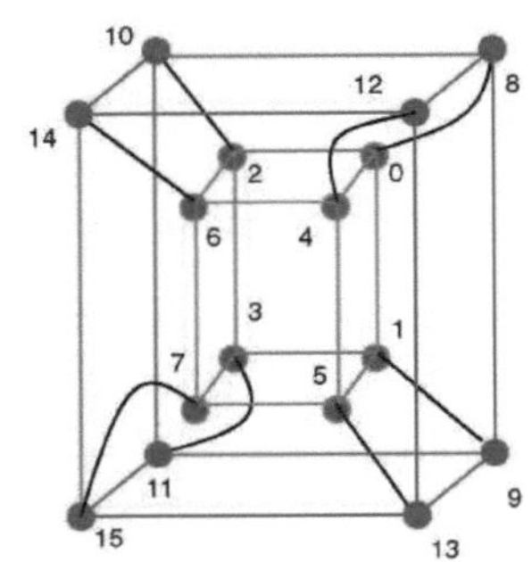

Figura 2.2: Hipercubo H4

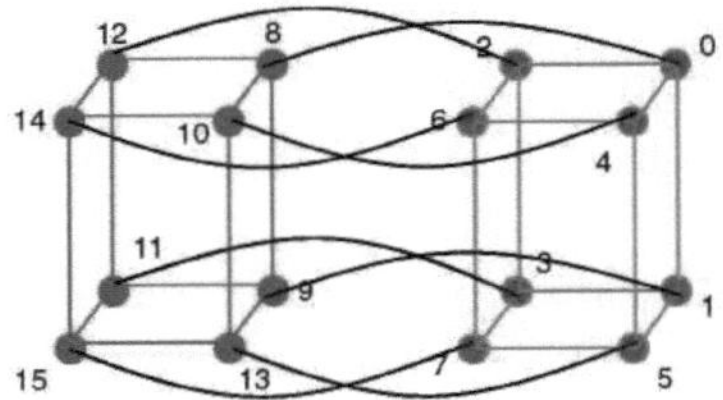

Figura 2.3: Representação de H4 como 0H3 e 1H3.

2.5 Representação circular do hipercubo:

Na representação circular do hipercubo, cada círculo corresponde a um H3. Se CL indica o número total de H3 em Hn, então o número de CL's ou círculos na representação será $2^n / 2^3$ [1]. A figura mostra a representação circular de um H5 e a sua representação convencional.

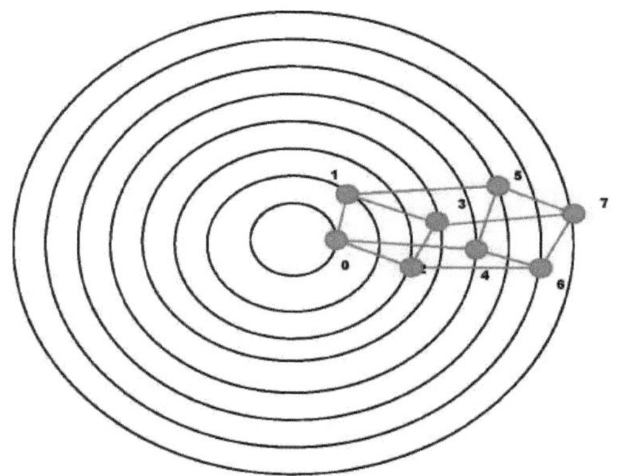

Figura 2.4: Representação circular de H3

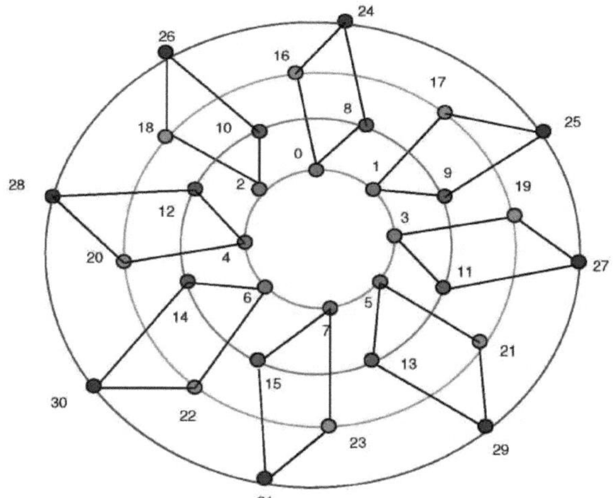

Figura 2.6: Representação circular de um H5

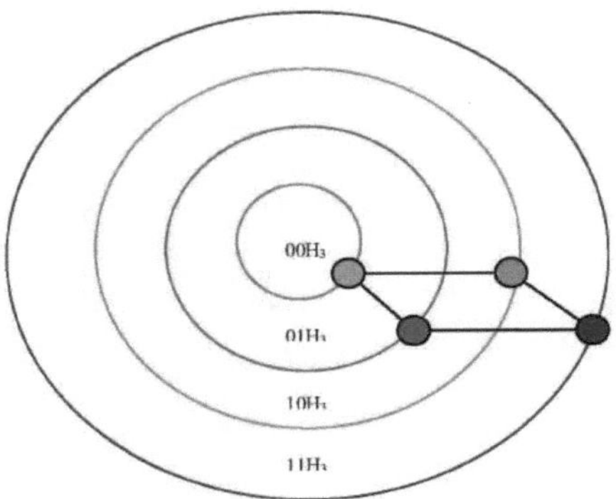

Figura 2.7: Representação circular de H5 em função de H3

2.7 Modelo de falha da rede interconectada hipercubo:

Neste modelo de simulação, considera-se que o hipercubo tem menos de n/2 ligações defeituosas por nó e que apenas é utilizada a informação local sobre a falha da ligação. No pior dos casos, verificamos que o comprimento máximo do caminho entre qualquer par de nós será PL e o número total de falhas será F e a relação entre o comprimento do caminho e a variação da falha também é derivada. Neste trabalho, estudamos o efeito das falhas nas ligações quando o número de ligações defeituosas por nó é inferior a n/2.

2.7.1 O número total de ligações defeituosas por nó deve ser inferior a n/2:

No hipercubo de ordem n^{th} se cada nó estiver ligado a menos de n/2 componentes defeituosos. O número máximo de falhas que podem ser toleradas pela rede aumenta consideravelmente, mas o comprimento total do trajeto percorrido também aumenta. Uma vez que cada nó está ligado a r(LT n/2) e que a origem e o destino não devem estar isolados um do outro, o número total de componentes defeituosos é:

$$F1 < r + r + r............ (\text{up to } N^{th} \text{ term}), \quad (8)$$

$$F1 < r * N \quad (9)$$

Uma vez que cada ligação está ligada a dois nós, o número real de ligações defeituosas será dado da seguinte forma

$$F2 = [(1/2) * F1] \quad (10)$$

Caso 1: Numa rede hipercubo, se cada nó tiver n/2-2 ou menos ligações com defeito, então o número total de ligações com defeito será F1. A conetividade é sempre mantida com F1 falhas na rede:

$$F1 = (r/2) * (2^n) \quad (11)$$

Caso 2: Também necessitamos de mais uma ligação não defeituosa em cada um dos H3 (subcubo), pelo que a conetividade será mantida entre qualquer par de nós de origem e de destino, portanto, em n^{th} hipercubo de ordem (H_n), pelo que, após a aplicação deste fator de correção, o número total de componentes defeituosos será:

$$F = [(r/2) * (r/2)] - [(2^n) / (2^3)] \quad (12)$$

2.7.2 Condição de rutura do laço:

A mensagem não deve percorrer os nós já percorridos. Para isso, utilizamos uma janela de registo no cabeçalho da mensagem, onde é registado o nó já percorrido. Nenhum H3 tem ligações defeituosas de dimensão superior a:

$$F * H_3 / H_n \quad (13)$$

O comprimento máximo desta janela de registo é igual ao comprimento máximo do canal horário P_{Lmax}.

Os pontos 2.6.1 e 2.6.2 são condições essenciais para manter a conetividade entre qualquer par de nós de origem e destino e o ponto 2.4.3 é essencial para evitar o retrocesso.

Teorema: Um hipercubo com (n/2 - 1) ligações defeituosas em cada nó está sempre ligado.

Prova: Um hipercubo com (n/2 - 1) ligações defeituosas em cada nó está sempre ligado, se reduzirmos a ligação defeituosa em cada H3 em 1, então a redução no total de ligações defeituosas será:

$$\mathbf{C_L = 2^n / 2^3} \quad \mathbf{(14)}$$

Agora, se houver (n/2 - 2) ligações defeituosas com cada nó, então as ligações defeituosas com cada H3 são reduzidas em 1, pelo que haverá conetividade entre todos os H3 de um hipercubo. A tabela mostra a redução de ligações defeituosas em comparação com o caso anterior de (n/2 - 1) ligações defeituosas com cada nó e o fator de correção. Podemos observar que as ligações defeituosas são muito menores em (n/2 -2), (n/2 - 3) em comparação com o caso de (n/2 -1).

Tabela 1: Variação da ligação defeituosa com fator de correção

Dimension of HC	(n/2–1) faulty links with each node		(n/2–2) faulty links with each node with no correction Factor X=2		(n/2–3) faulty links with each node with no correction Factor X=3	
N	Total faulty links in HC **A**	Reduction in faulty links with Correction Factor E **E**	Total faulty links in HC **B**	Reduction in faulty links with (n/2-X) **A-B**	Total faulty links in HC **C**	Reduction in faulty links with (n/2-X) **A-C**
4	**6**	**2**	**0**	**6**	**0**	**6**
5	**28**	**4**	**16**	**12**	**0**	**28**
6	**56**	**8**	**32**	**24**	**0**	**56**
7	**176**	**16**	**128**	**48**	**640**	**112**
8	**352**	**32**	**256**	**96**	**128**	**224**
9	**960**	**64**	**7688**	**192**	**512**	**448**
10	**1920**	**128**	**1536**	**384**	**1024**	**896**
11	**4864**	**256**	**4096**	**768**	**3072**	**1792**
12	**9728**	**512**	**8192**	**1536**	**6144**	**3584**
43	**23552**	**1024**	**20480**	**3072**	**16384**	**7168**
14	**47104**	**2048**	**40960**	**6144**	**32768**	**14336**

CAPÍTULO 3
MODELO DE SIMULAÇÃO

3.1 Introdução

Neste modelo de hipercubo interligado, cada interrutor é considerado como um nó da rede. No nosso sistema de rede, as falhas ocorrem de forma distribuída, o que significa que os componentes defeituosos (ligações) se espalham uniformemente no sistema. Analisamos o desempenho de um esquema de encaminhamento para uma rede interligada em hipercubo, na presença de um número arbitrário de ligações defeituosas. O hipercubo é uma rede simétrica em que uma rede de dimensão ou ordem n tem 2^n nós com n ligações ligadas a cada nó.

3.2 Modelo de simulação:

No nosso modelo de simulação, considerámos os parâmetros de simulação tamanho do sistema (n), tamanho da memória intermédia, carga e ligações defeituosas. Observamos o efeito destes parâmetros no desempenho do nosso modelo de rede.

3.2.1 Efeito da dimensão do sistema:

A dimensão de um sistema é representada por um número inteiro n, em que n é a dimensão da rede hipercubo e r é o número de ligações defeituosas ligadas a cada nó. Tal que $r < n/2$.

3.2.2Efeito da carga na rede:

Na rede hipercubo, uma fração do número total de nós irá gerar pedidos de transferência de dados, pelo que podemos observar a capacidade de carga do hipercubo defeituoso, aumentando este valor fracionário o desempenho do sistema irá diminuir para um número fixo de ligações defeituosas com cada nó e para um tamanho fixo do espaço de memória intermédia de cada nó. Mas se diminuirmos o número de ligações defeituosas em cada nó e aumentarmos o tamanho da memória intermédia, o desempenho do sistema melhorará.

3.2.3 Efeito das variações das ligações defeituosas:

Cada nó está ligado a um máximo de r(r< n/2) ligações defeituosas. Podemos diminuir o número máximo de ligações defeituosas ligadas a cada nó por x ligações e podemos antecipar a melhoria do desempenho dos sistemas. Assim

$$r' = (r - x) \qquad (15)$$

3.2.4 Efeito das políticas de arbitragem:

Na fila de espera de cada nó, podemos utilizar algumas políticas de arbitragem no nosso programa de simulação, os novos pedidos de serviço foram adicionados à fila de espera do nó intermédio/fonte de forma FIFO. A seleção da ligação de saída para a ligação optimizada e disponível foi feita de forma aleatória, como o primeiro a entrar, primeiro a sair (FIFO), qualquer SRDT será servido por ordem da sua chegada.

3.2.5 Efeito do tamanho do buffer:

Cada nó tem um espaço de memória intermédia. Este é o comprimento da fila de espera de cada nó, representado por p [nó].buff. Durante a execução da simulação, podemos alterar o comprimento da fila para diferentes condições de carga e diferentes ciclos de simulação e monitorizar o efeito nos parâmetros de desempenho.

3.3 Algoritmo proposto:

No nosso algoritmo de encaminhamento, cada nó está a gerar as mensagens com igual probabilidade para um nó de destino aleatório. O nó de origem/intermédio tenta enviar o pacote para as ligações óptimas, se a ligação óptima não estiver disponível, então envia o pacote ao longo das ligações disponíveis, mas esta ligação disponível não deve ter sido utilizada anteriormente e o nó de entrada também não deve ser o nó anteriormente percorrido. O nó intermediário descarta os pacotes se a distância máxima percorrida por qualquer pacote de entrada exceder o limite máximo ou se o espaço do buffer do nó intermediário estiver cheio, ou seja, se não for possível armazenar mais nenhum pacote no espaço de memória do nó.

Algoritmo AG

- Passo 1: Obter os nós de origem/intermédios (S/I) e o par de destino (D).

- Passo 2: Selecionar a sequência (Sq[ ]) de ligações de trajetória óptimas a partir de Sq[ ].

- Passo 3: Excluir as ligações defeituosas da Sq[ ].

- Passo 4: Excluir a ligação utilizada (anteriormente percorrida) do Sq[ ].

- Passo 5: Selecionar a ligação t_link de Sq[ ].
- Passo 6: se (t_link != NULL), verificar o novo nó na janela de registo. Se estiver na janela de registo, passar novamente à etapa 5.
- Passo 7: Transferir a mensagem ao longo desta nova ligação t_ótima.
- Passo 8: Armazenar o novo nó na janela de registo e utilizar link = t_link.
- Passo 9: Se o novo nó (I) for igual ao nó de destino, adiciona-o à fila de pedidos do novo nó

e passa ao passo 1. Caso contrário, selecionar a sequência disponível do caminho de ligação de (S/I, D).

- Passo 10: Excluir a ligação defeituosa da Sequência disponível].
- Passo 11: Excluir a ligação utilizada (anteriormente percorrida) da Sequência disponível.
- Passo 12: Selecionar uma ligação da sequência disponível para transmitir a mensagem ao longo da ligação disponível.
- Passo 13: Verificar o novo nó (I) na janela de registo. Se o novo nó estiver na janela de registo, passar novamente à etapa 13.
- Passo 14: Verificar o novo nó = nó de destino. Armazenar o novo nó na janela de registo e a ligação utilizada na fila de espera do novo nó.
- Passo 15: Voltar ao passo 1 para extrair o novo SRDT.

3.4 Cabeçalho do pacote:

Para o encaminhamento com o algoritmo AG e a condição de quebra de loop, o

O pacote de transmissão é dividido em seis campos:

D	S	M	CT	Used	Record window

D= Endereço do nó de destino,

S=Endereço do nó de origem ,

M=Mensagem ,

CT=Contagem ,

Usado=Ligação previamente percorrida,

Janela de registo =Nós percorridos anteriormente

- O primeiro campo contém o endereço do nó de destino para o qual o pacote é transmitido.

- O segundo campo contém o endereço do nó de origem a partir do qual o SRDT é gerado.

Se algum SRDT tiver sido recusado por um nó intermédio devido à indisponibilidade do caminho para o nó de destino ou se a sua memória intermédia não for capaz de acomodar mais pedidos de serviço, nesta condição podemos retirar o endereço do nó de origem do segundo campo para informar a fonte sobre a mensagem abandonada e para enviar o pacote novamente a partir de um caminho alternativo.

- O terceiro campo é a mensagem que deve ser transmitida com êxito ao destino a partir da fonte.
- O quarto campo é a contagem. Cada vez que o pacote percorre uma ligação, a contagem é incrementada em 1. Se atingir a contagem máxima, que é PL, e a mensagem não chegar ao destino, o pacote será rejeitado e a informação de que o pacote foi rejeitado será devolvida à fonte.

Determinamos que o pacote chegou ao destino comparando o endereço do nó intermédio com o primeiro campo; se for o mesmo, significa que o pacote está no destino correto.

- É utilizado o quinto campo, que contém as informações sobre a ligação anteriormente efectuada.
- A janela de registo mantém o registo ou os nós anteriormente percorridos. O comprimento máximo desta janela é definido como igual ao PL_{max}. Isto é utilizado para evitar o retrocesso.

Sempre que o nó intermédio transfere a mensagem para o novo nó, incrementa o campo de contagem em uma unidade e o novo nó intermédio determina o comprimento máximo do caminho entre o nó de origem e o nó de destino e compara esse comprimento com o campo de contagem. Se o campo de contagem for superior ao comprimento máximo, o SRDT será rejeitado.

O nó intermédio também pode desistir se a sua memória intermédia estiver cheia. Ao fazer A operação EXCLUSIVE-OR entre o endereço dos nós intermédios e o endereço do nó de destino, se obtivermos todos os bits 0, isso indica que o pacote está no destino. Se obtivermos um valor diferente de 0, isso significa que o nó de destino está afastado desse nó intermédio e a contagem de 1's no resultado da operação EXCLUSIVE-OR indica que o destino está afastado desse nó intermédio por esse número de hops.

3.5 Arquitetura dos nós:

Consideramos um modelo de rede distribuída. Neste modelo, cada nó é uma unidade de processamento e tem capacidade suficiente para utilizar a informação disponível e tomar a decisão adequada para encaminhar a mensagem para o destino. Vamos discutir a informação, a base de dados e as capacidades de processamento necessárias em cada nó.

3.5.1 Informações em cada nó:

Cada nó será atualizado com a informação sobre o estado dos componentes locais, ou seja, quais as ligações a ele ligadas que estão a funcionar e quais as que estão avariadas. Cada nó tem a informação do estado de funcionamento ou de falha de todas as ligações a ele ligadas. Assumimos que esta informação está disponível em cada nó antes de iniciar a simulação.

3.5.2 Base de dados em cada nó:

Cada nó deve ter a seguinte base de dados:

- **Ligações defeituosas** - Uma matriz de dimensão n em que as ligações não defeituosas são representadas como zero nas dimensões correspondentes = {1, 2, 3, 4, n}.
- **Espaço de memória intermédia** para armazenar o SRDT de outros nós de origem = Fila

{comprimento}.

- **Registo** para copiar o endereço do nó de origem ou de destino = {S}/{D}.

- **Contagem** = PL.

- **Registar** para armazenar link usado = usar.

3.5.3 Capacidades de processamento:

Cada nó deve ter as seguintes capacidades de processamento:

- Calcular a distância de Hamming entre o nó de origem e o nó de destino.
- Para determinar o caminho ótimo de ligação do próprio nó ao nó de destino.
- Para excluir as ligações defeituosas e as ligações previamente percorridas das ligações do caminho ótimo.
- Para gerar as ligações disponíveis para a transmissão da mensagem, se não estiver disponível uma ligação de caminho ótimo.
- Aceitar a mensagem de outro nó e armazená-la na fila de espera se houver espaço disponível na memória intermédia do nó; caso contrário, rejeitar a mensagem.
- Para incrementar o campo de contagem (CT) no cabeçalho em um para a mensagem transmitida.
- Para calcular o comprimento máximo do caminho entre qualquer par de nós de origem e destino e comparar este comprimento do caminho com a contagem, se a contagem > PL, eliminando o SRDT.
- Para extrair as mensagens (SRDT) da sua fila, utilizando a política de arbitragem adequada para transmitir o SRDT para o nó de destino.

3.6 Parâmetros de desempenho:

Neste modelo de simulação, os parâmetros de desempenho são o número total de pedidos de serviço recebidos com êxito, o número total de SRDT rejeitados e o número total de SRDTs atualmente activos. A percentagem do nó total gerará o SRDT em cada ciclo. Para um dado valor de carga, determinaremos em que espaço de buffer a nossa rede produz o valor máximo de SR e DR, para diferentes dimensões da rede hipercubo com diferentes valores de r'.

Vamos observar que, após quantos ciclos de simulação, o comprimento do caminho do pior caso foi forçado no nosso algoritmo de encaminhamento. Aqui

- SR = número total de SRDT recebidos com êxito
- DR = número total de SRDT abandonados
- AR = número de serviços activos no sistema

Total SRDT = SR + DR + AR;

O comprimento médio do caminho foi percorrido PL_{av}, num dado sistema de hipercubo de dimensão n, tamanho da fila, valor fracionário e ligação defeituosa r' com cada nó.

CAPÍTULO 4

RESULTADOS E ANÁLISE

4.1 Resultados da simulação:

Nesta secção, discutiremos os resultados obtidos pelo programa de simulação para vários valores dos parâmetros de simulação e o seu efeito nos parâmetros de desempenho. Os nossos parâmetros de simulação são r (ligação defeituosa com cada nó), q (tamanho da memória intermédia), fr (carga na rede) e os parâmetros de desempenho são

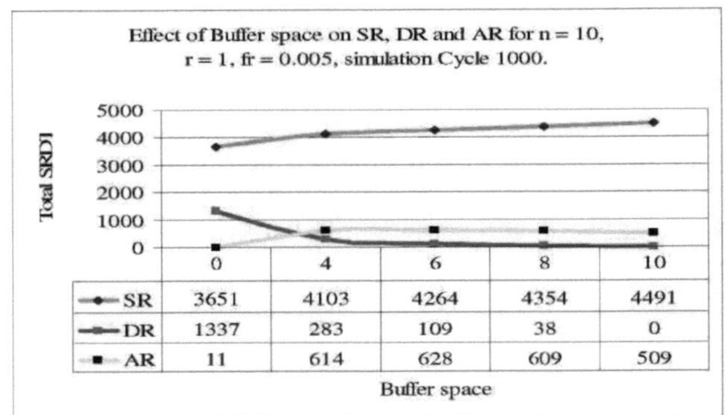

	0	4	6	8	10
SR	3651	4103	4264	4354	4491
DR	1337	283	109	38	0
AR	11	614	628	609	509

Figura 4.1: Efeito do espaço tampão no SR, DR e AR para n = 10, r = 1, fr = 0,005, ciclo de simulação 1000

SR = (serviços recebidos com êxito pelos nós de destino),

DR = (serviços abandonados devido à falta de espaço na memória intermédia ou se o caminho percorrido ultrapassar o comprimento máximo do caminho, tal como indicado no nosso resultado analítico).

AR = serviços pendentes nos buffers.

PLav = comprimento médio do caminho não é tomado em consideração devido a comutadores de alta velocidade ou nós em que o atraso devido ao comprimento do caminho não é uma questão importante. Na figura 4.1, podemos observar que, quando reduzimos o tamanho do buffer de 10 para 6, ou seja, cerca de 40%, a queda no SR é de apenas 4,8%.

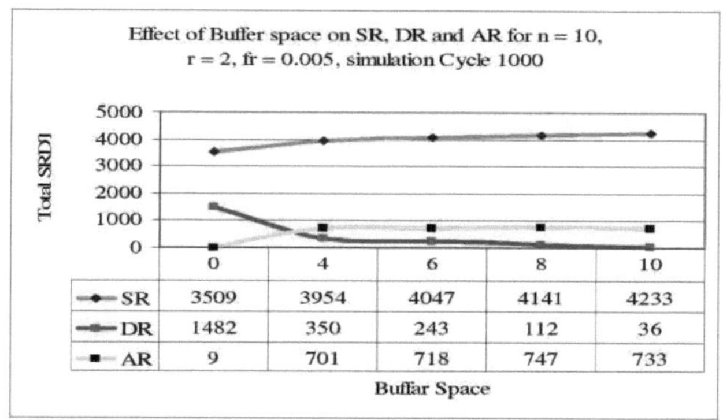

Figura 4.2: Efeito do espaço tampão no SR, DR e AR para n = 10, r = 2, fr = 0,005, ciclo de simulação 1000

Com um tamanho de buffer de 6 para 4, a queda no tamanho do buffer é de cerca de 34% e a queda no SR é de 2,3%, pelo que a utilização óptima é de 4 espaços de buffer, como mostra a figura 4.2.

Quando alteramos o tamanho da memória intermédia de 8 para 6, a redução do espaço da memória intermédia é de cerca de 25% e a diminuição percentual do SR é de apenas 1%, como mostra a figura 4.3.

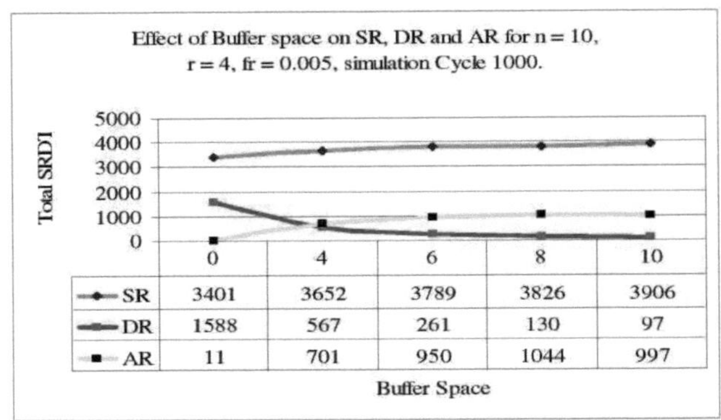

	0	4	6	8	10
SR	3401	3652	3789	3826	3906
DR	1588	567	261	130	97
AR	11	701	950	1044	997

Figura 4.3: Efeito do espaço tampão no SR, DR e AR para n = 10, r = 4, fr = 0,005, ciclo de simulação 1000

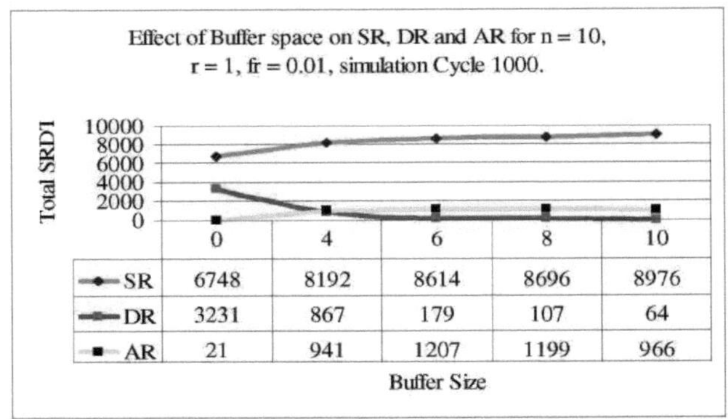

	0	4	6	8	10
SR	6748	8192	8614	8696	8976
DR	3231	867	179	107	64
AR	21	941	1207	1199	966

Figura 4.4: Efeito do espaço tampão no SR, DR e AR para n = 10, r = 1, fr = 0,01, ciclo de simulação 1000

Aqui a utilização do buffer é máxima quando o seu tamanho é 8. Quando mudamos o espaço do buffer de 8 para 6, a queda percentual é de 25% e a redução é de SR 0,96%.

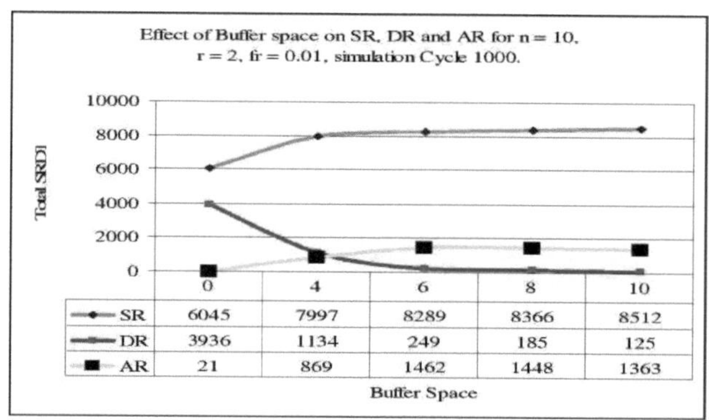

Figura 4.5: Efeito do espaço tampão no SR, DR e AR para n = 10, r = 2, fr = 0,01, ciclo de simulação 1000

Quando mudamos o tamanho do buffer de 8 para 6, a queda é de 25% e a queda correspondente no SR é de cerca de 0,86%. O tamanho do buffer 6 também tem uma utilização máxima do seu espaço.

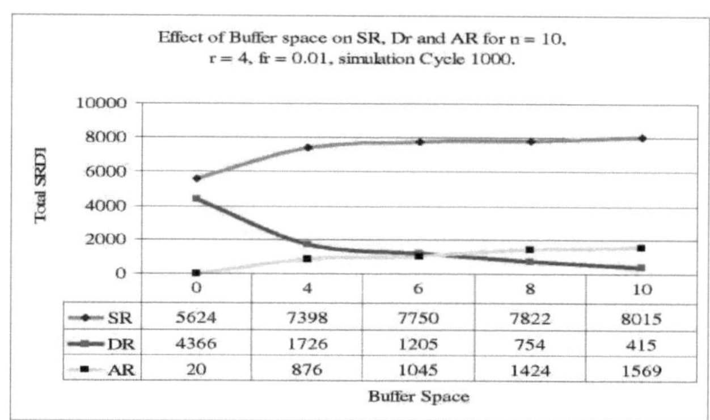

Figura 4.6: Efeito do espaço tampão no SR, DR e AR para n = 10, r = 4, fr = 0,01, ciclo de simulação 1000

Com 6 buffers, a queda no SR é de apenas 0,92%. Assim, o tamanho ótimo do buffer para os parâmetros é 6.

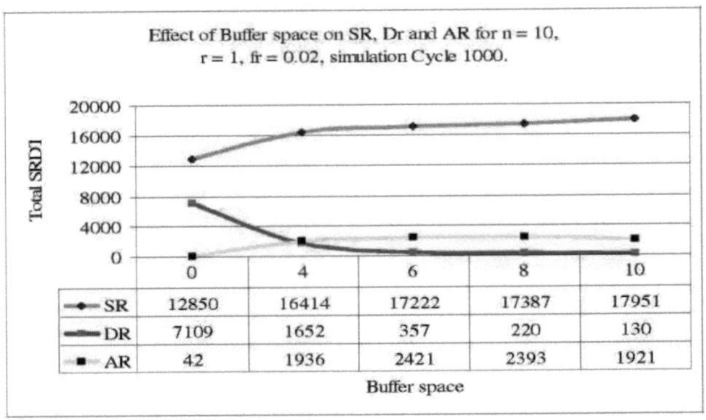

Figura 4.7: Efeito do espaço tampão no SR, DR e AR para n = 10, r = 1, fr = 0,02, ciclo de simulação 1000

Quando alteramos o espaço de memória intermédia de cada nó de 8 para 6, a queda nos serviços recebidos com êxito (SR) é de apenas 0,99%, o que é mínimo.

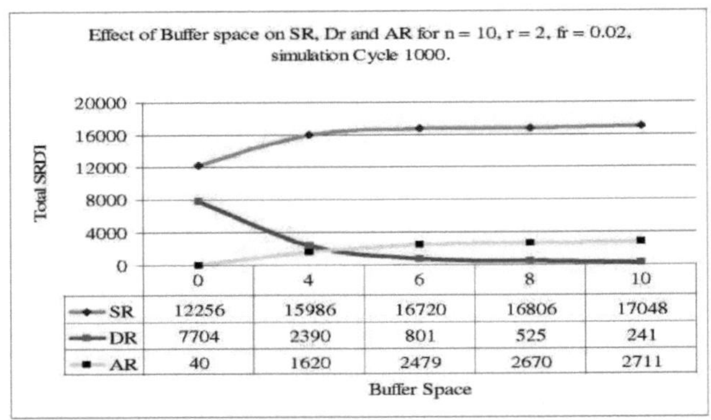

Figura 4.8: Efeito do espaço tampão no SR, DR e AR para n = 10, r = 2, fr = 0,02, ciclo de simulação 1000

A queda percentual no SR é mínima quando mudamos o tamanho do buffer de 8 para 6 e essa queda no SR é de cerca de 0,50%. A utilização da memória intermédia é praticamente a mesma com 8 e 6.

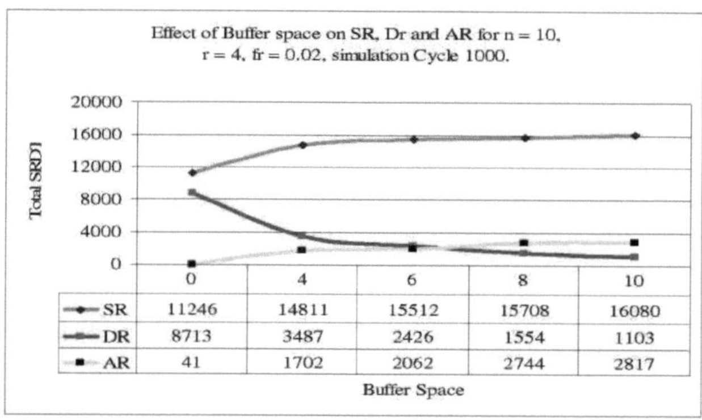

	0	4	6	8	10
SR	11246	14811	15512	15708	16080
DR	8713	3487	2426	1554	1103
AR	41	1702	2062	2744	2817

Figura 4.9: Efeito do espaço tampão no SR, DR e AR para n = 10, r = 4, fr = 0,02, ciclo de simulação 1000

A alteração do SR é de cerca de 1,24%, o que é mínimo, quando alteramos o tamanho da memória intermédia de 8 para 6.

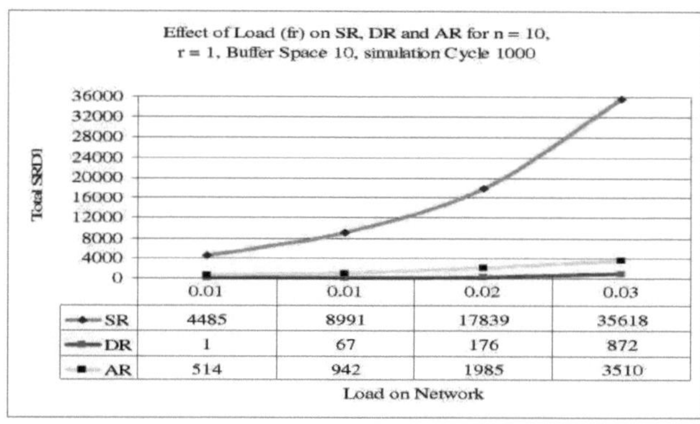

	0.01	0.01	0.02	0.03
SR	4485	8991	17839	35618
DR	1	67	176	872
AR	514	942	1985	3510

Figura 4.10: Efeito da carga (fr) no SR, DR e AR para n = 10, r = 1, espaço de memória intermédia 10, ciclo de simulação 1000

A percentagem máxima de receção com êxito é obtida com uma fração de 0,005 da condição de carga. A variação na percentagem de SR para diferentes condições de carga é muito pequena devido ao tamanho suficiente do buffer e ao mínimo de ligações defeituosas.

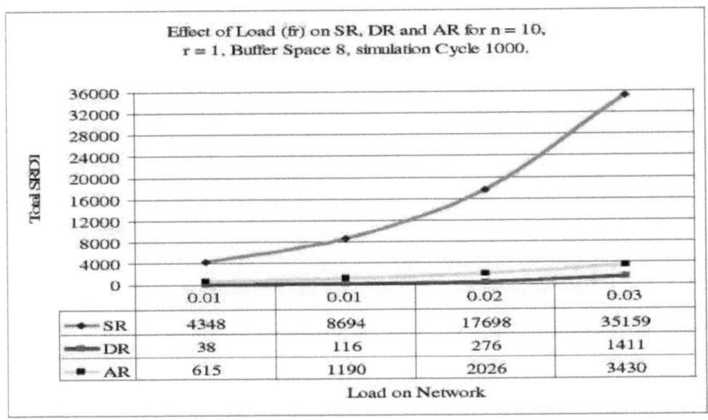

Figura 4.11: Efeito da carga (fr) no SR, DR e AR para n = 10, r = 1, espaço de memória intermédia 8, ciclo de simulação 1000

A percentagem máxima de SR é obtida com uma carga de 0,02 fracções e a percentagem máxima de SR é de 88,49.

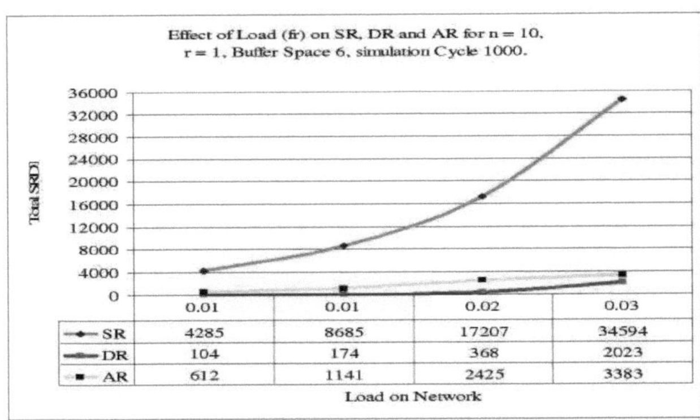

Figura 4.12: Efeito da carga (fr) no SR, DR e AR para n = 10, r = 1, espaço de memória intermédia 6, ciclo de simulação 1000

A percentagem máxima de SR é obtida com uma fração de carga de 0,01. Embora a percentagem de SR seja praticamente a mesma para as fracções de carga 0,01, 0,02 e 0,04, o aumento percentual de DR (SRDT diminuído) também é muito elevado.

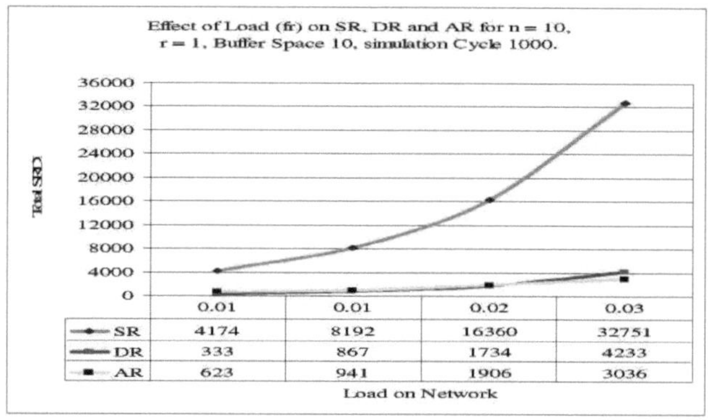

Figura 4.13: Efeito da carga (fr) no SR, DR e AR para n = 10, r = 1, espaço de memória intermédia 4, ciclo de simulação 1000

Com uma carga de 0,005 fração do nó total, obtém-se a percentagem máxima de SR. O aumento do DR é cerca de 2 a 2,5 vezes superior ao valor anterior.

A % de SR torna-se quase constante com cargas mais elevadas de 0,01 a 0,03.

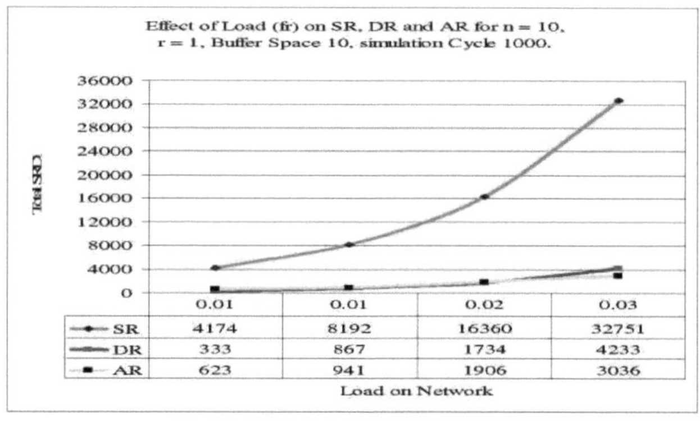

Figura 4.14: Efeito da carga (fr) no SR, DR e AR para n = 10, r = 2, espaço de memória intermédia 10, ciclo de simulação 1000

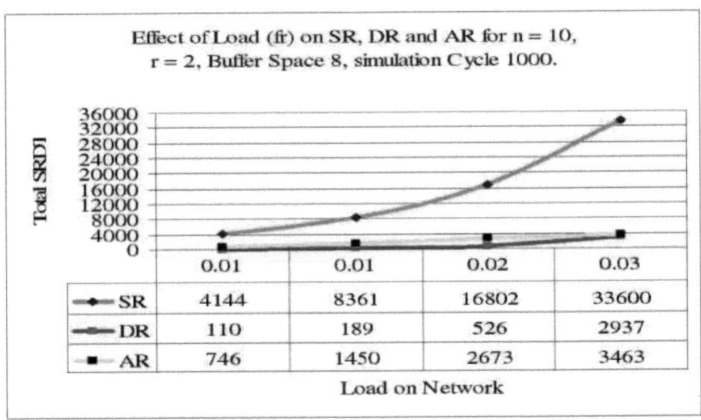

	0.01	0.01	0.02	0.03
SR	4144	8361	16802	33600
DR	110	189	526	2937
AR	746	1450	2673	3463

Figura 4.15: Efeito da carga (fr) no SR, DR e AR para n = 10, r = 2, espaço da memória intermédia 8, simulação Ciclo 1000

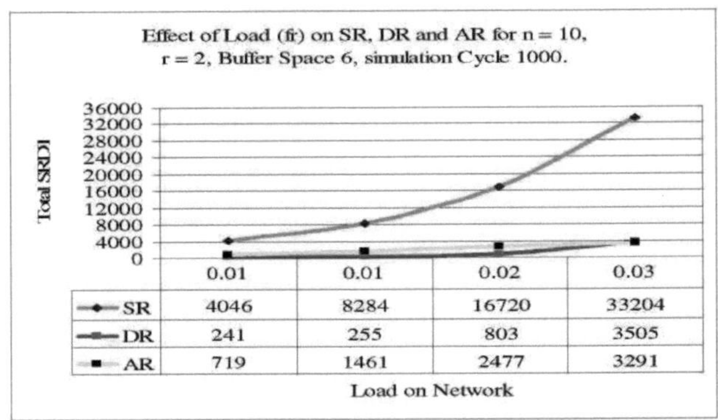

	0.01	0.01	0.02	0.03
SR	4046	8284	16720	33204
DR	241	255	803	3505
AR	719	1461	2477	3291

Figura 4.16: Efeito da carga (fr) no SR, DR e AR para n = 10, r = 2, espaço de memória intermédia 6, ciclo de simulação 1000

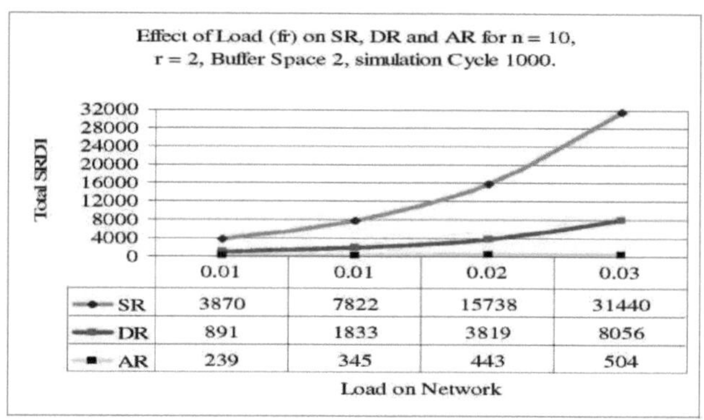

	0.01	0.01	0.02	0.03
SR	3870	7822	15738	31440
DR	891	1833	3819	8056
AR	239	345	443	504

Figura 4.17: Efeito da carga (fr) no SR, DR e AR para n = 10, r = 2, espaço de memória intermédia 2, ciclo de simulação 1000

Ao valor de carga de 0,02, obtém-se o valor máximo de SR e, após esta carga, se aumentarmos a carga no sistema, a % de SR permanece constante e a DR começa a aumentar.

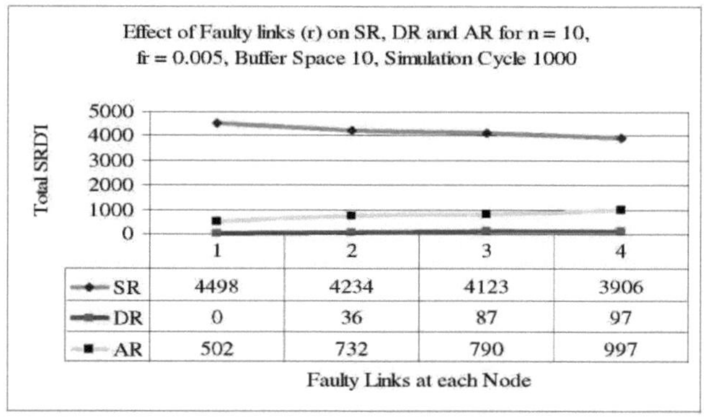

	1	2	3	4
SR	4498	4234	4123	3906
DR	0	36	87	97
AR	502	732	790	997

Figura 4.18: Efeito das ligações defeituosas (r) no SR, DR e AR para n = 10, fr = 0,005, espaço de memória intermédia 10, ciclo de simulação 1000

Para diferentes valores de ligações defeituosas r, é apresentado o rácio de sucesso do SR. O rácio máximo de sucesso do SR é de 89,96%. Devido ao maior espaço de buffer, o DR não está a aumentar rapidamente.

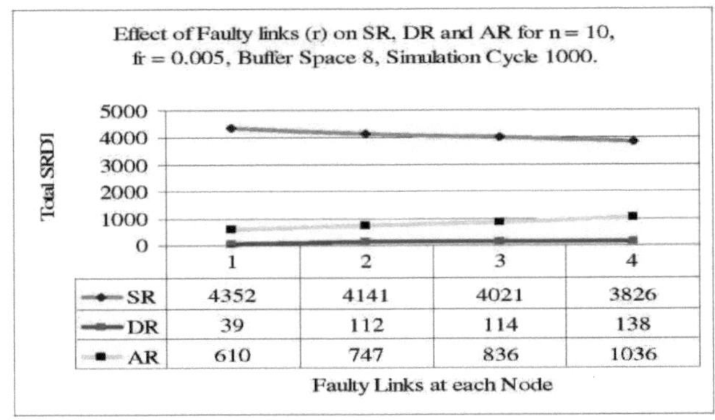

	1	2	3	4
SR	4352	4141	4021	3826
DR	39	112	114	138
AR	610	747	836	1036

Figura 4.19: Efeito das ligações defeituosas (r) no SR, DR e AR para n = 10, fr = 0,005, espaço de memória intermédia 8, ciclo de simulação 1000

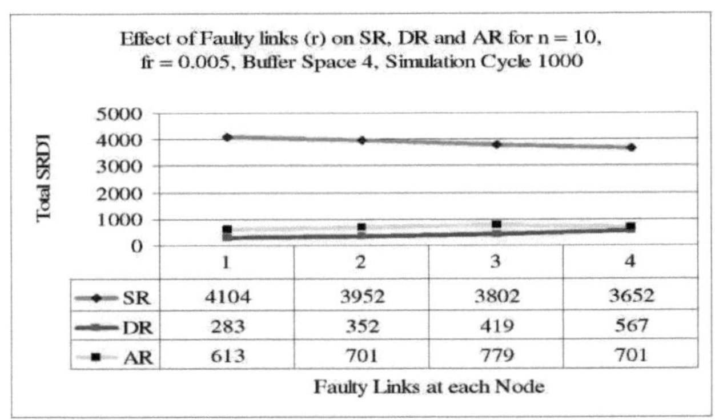

	1	2	3	4
SR	4104	3952	3802	3652
DR	283	352	419	567
AR	613	701	779	701

Figura 4.20: Efeito das ligações defeituosas (r) no SR, DR e AR para n = 10, fr = 0,005, espaço tampão 4, ciclo de simulação 1000

O valor máximo do rácio de sucesso é de 82,08 e a percentagem de mensagens rejeitadas é de cerca de 20 a 35 %. Devido ao tamanho reduzido da memória intermédia e ao aumento das ligações defeituosas. A utilização do espaço da memória intermédia torna-se quase constante em 2, 3 e 4 ligações defeituosas em cada nó.

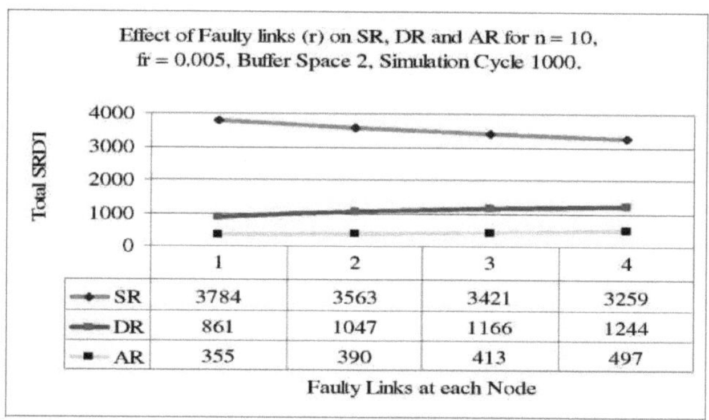

	1	2	3	4
SR	3784	3563	3421	3259
DR	861	1047	1166	1244
AR	355	390	413	497

Figura 4.21: Efeito das ligações defeituosas (r) no SR, DR e AR para n = 10, fr = 0,005, espaço de memória intermédia 2, ciclo de simulação 1000

Devido ao reduzido espaço de memória intermédia, os serviços abandonados aumentam à medida que aumentamos o número de ligações defeituosas em cada nó.

CAPÍTULO 5
CONCLUSÃO E ÂMBITO FUTURO

5.1 Conclusão:

Nesta tese, estudámos as propriedades da rede hipercubo sob um modelo de falha especificado, a rede foi simulada sob diferentes parâmetros e os seus parâmetros de desempenho foram analisados.

As principais conclusões são resumidas da seguinte forma:

- A partir do resultado da nossa simulação, podemos encontrar o tamanho ótimo da memória intermédia para diferentes condições de falha e de carga, em que o nosso parâmetro de desempenho apresenta os seus valores óptimos.
- Foi obtida a condição de carga máxima para a qual o modelo proposto de rede hipercubo apresenta o melhor desempenho.
- Foi determinado um grau mínimo constante de ligações defeituosas em cada nó da rede hipercubo necessário para garantir a conetividade.
- Para este método de encaminhamento, foram utilizadas informações locais.
- À medida que aumentamos o espaço da memória intermédia, os pedidos abandonados (DR) diminuem e esta redução dos serviços abandonados é transferida para a memória intermédia dos nós da rede, ou seja, aumenta os serviços pendentes (AR).
- Diminuir o número de ligações defeituosas em cada nó melhorará a percentagem de serviços recebidos com sucesso (SR).
- A nossa simulação mostra que nem sempre estamos a obter o pior comprimento de trajetória, mas muito poucos casos entre milhares de ciclos de simulação dão o pior comprimento de trajetória.

- O comprimento máximo do caminho é elevado no caso de haver mais ligações defeituosas. No entanto, no nosso modelo de simulação, o comprimento do caminho não é considerado como parâmetro de simulação, mas os resultados mostram que o comprimento médio do caminho é muito inferior ao comprimento máximo do caminho.

5.2 Âmbito para trabalhos futuros:

- No nosso modelo de simulação, a caraterística vantajosa é a informação local; no entanto, o efeito da informação global limitada também pode ser utilizado se esta informação global limitada estiver disponível a um custo baixo ou acessível e com alterações mínimas da capacidade de tratamento da base de dados.
- Neste trabalho, a carga na rede era estática, ou seja, a carga (Fr) era constante durante todos os ciclos de simulação. A carga dinâmica (Fr) pode ser tomada e a simulação será efectuada.

Neste caso, a política de arbitragem é FIFO e aleatória, mas se estiverem disponíveis informações sobre os componentes globais, então

1) Ótimo,
2) Menor distância restante e
3) Distância máxima percorrida, também pode ser aplicada

Ocupámos algum espaço de memória intermédia em cada nó. Por isso, também podemos utilizar mais um parâmetro de desempenho, o período de espera. O período de espera é o intervalo de tempo entre o início de um pedido de serviço e o fim desse pedido. Na política de arbitragem também pode ser aplicado o período de espera máximo.

Estudámos a rede hipercubo para um número mínimo de ligações defeituosas em cada nó, mas é necessário analisar o efeito dos nós defeituosos no desempenho dos sistemas.

Referências:

[1] Tarun Tomar, "Performance Evaluation in Hypercube Networks" (Avaliação do desempenho em redes hipercubo), conferência HIPC 2001.

[2] Chen e Shin, "Adaptive Fault Tolerant Routing in Hypercube Multicomputers", IEEE trans. on computers Vol.39, No.12 December 1990.

[3] LIU, HAN e DU, "A Hypercube based scalable Interconnection network for Massively Parallel Computing", IEEE journal on Computers Vol.3, No. 10 October 2008.

[4] Andrew S Tanenbaum, Computer networks, quarta edição Pearson Education Asia 2003.

[5] Gu e Peng, "Unicast in hypercubes with large number of faulty nodes", IEEE trans. on parallel and distributed systems Vol.10, No.10 October 1999.

[6] Chen e Shin, "Depth first search approach for fault tolerant routing in Hypercube Multicomputers", IEEE trans. on computers Vol.39, No.12 December 1990.

[7] Saad e Schultz, "Topological properties of Hypercubes", IEEE trans. on computer vol.37, no.7 July 1988.

[8] Lee e John P. Hayes, "A fault tolerant communication scheme for HC computers", IEEE trans. on computers vol. 41, no.10, outubro 1992.

[9] Stout e Bruce Wagar, "Intensive Hypercube Communication: Prearranged communication in Link-bound machines", IEEE journal on Parallel and Distributed computing 10 (1990), pp.167-181.

[10] Bertsekas, Ozveren, Stamoulis, Tseng e Tsistiklis, "Optimal Communication Algorithm for Hypercubes", IEEE journal on Parallel and Distributed computing 11 (1991), pp.263-275.

[11] Chen e Tzeng, "Subcube determination in faulty hypercubes", IEEE trans. on computers

Vol.46, No.8 August 1997.

[12] Sheu e Yang, "Multicast Algorithm for Hypercube Multiprocessors", IEEE journal on Parallel and Distributed computing 61, pp.137-149, 2001.

[13] Andradottir, Healy, Withers e Nelson, "Descriptive Sampling: An improvement over Latin hypercube sampling", "Proceedings of the Winter Simulation conference 1997.

[14] Kim e Reed, "Adaptive packet routing in a hypercube", in proc. Third hypercube concurrent computer application, janeiro de 1988.

[15] S. Latifi, "Fault Tolerant hypercube multiprocessors", IEEE trans. on reliability vol. 39, No. 3, agosto de 1990.

[16] Sole e Gafoor, "Performance of fault tolerant diagnostics in the hypercube systems", IEEE trans. on computers vol. 38, No. 8, August 1989.

[17] Sheu, Chen e Chang, "Fault Tolerant sorting algorithm on hypercube multiprocessors", Journal on trans. on parallel and distributed processing, abril de 1989.

Printed by Books on Demand GmbH, Norderstedt / Germany